QUELQUES MOTS

SUR

L'ART CHRÉTIEN

A PROPOS DE

L'IMAGE DU SACRÉ-CŒUR

PAR

ÉDOUARD DIDRON

Directeur des « Annales archéologiques. »

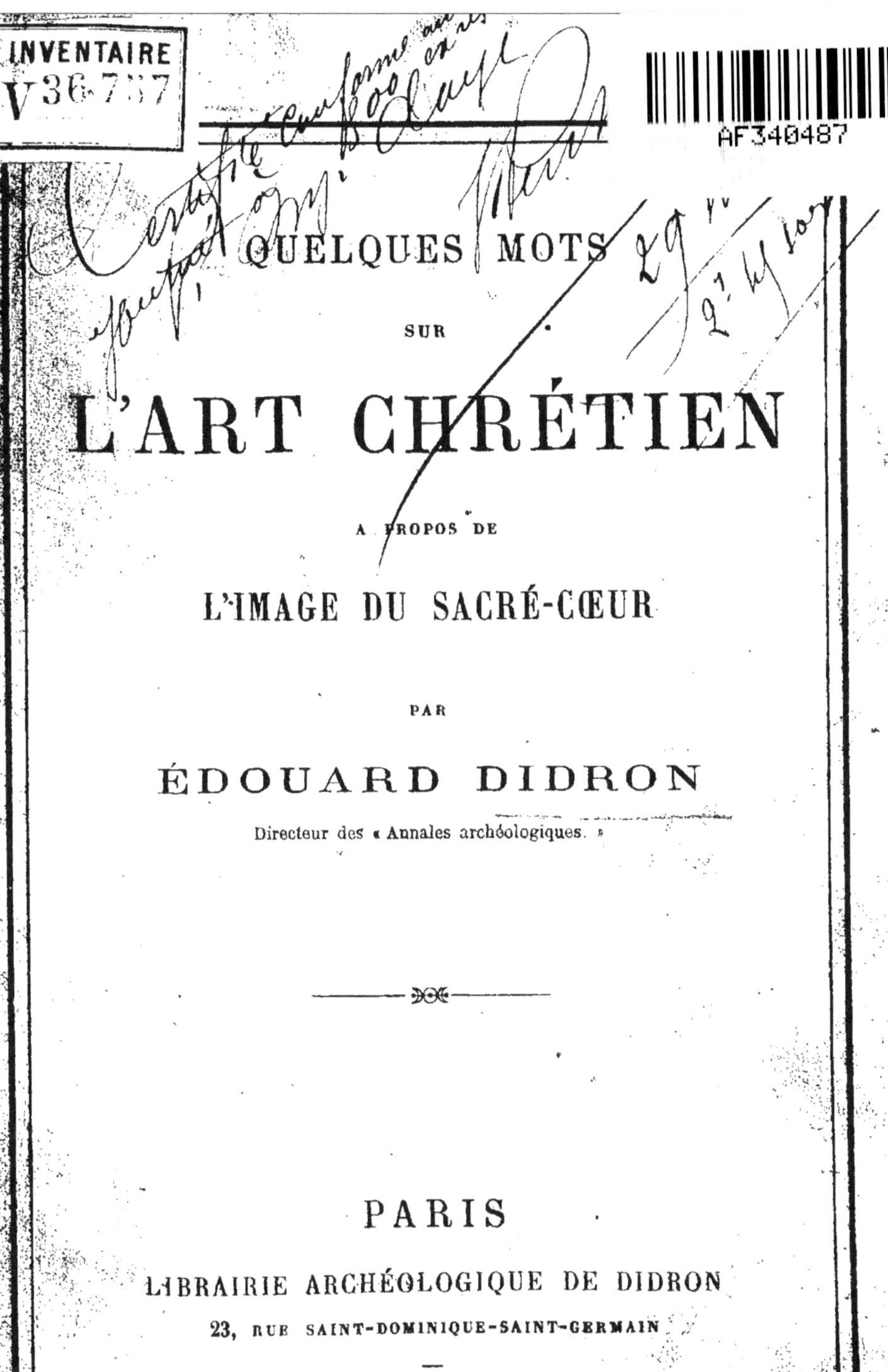

PARIS

LIBRAIRIE ARCHÉOLOGIQUE DE DIDRON

23, RUE SAINT-DOMINIQUE-SAINT-GERMAIN

Mai 1874

QUELQUES MOTS

SUR

L'ART CHRÉTIEN

A PROPOS

DE L'IMAGE DU SACRÉ-COEUR

L'ART CHRÉTIEN

I

L'art chrétien est tombé de nos jours, surtout en France, dans une sorte de discrédit qu'il est difficile de contester, malgré les œuvres intéressantes, d'ailleurs en bien petit nombre, exécutées par quelques artistes de talent. Au premier rang de ces ouvrages dignes d'admiration, il convient de placer les fresques de Flandrin à Saint-Vincent-de-Paul et à Saint-Germain-des-Prés, à Paris, ainsi qu'à Saint-Paul de Nîmes. Le « Martyre de saint Symphorien » et le « Vœu de Louis XIII » de Ingres, enfin quelques autres compositions dues à des maîtres contemporains, en France et en Allemagne, forment le bagage assez mince, et de valeur toute relative, d'un siècle de lumière et de progrès, ainsi qualifié par l'orgueilleuse école du matérialisme et de la libre pensée. Hélas ! ce siècle s'achèvera, il y a lieu de le craindre, sans produire un seul peintre marqué au front du signe auquel on reconnaît le génie. A part ces exceptions, on ne trouve plus que l'art déshonoré par l'industrie sans conscience et le commerce sans pudeur. Encore ces exceptions, dont Flandrin fut la plus brillante, parce qu'il prit fréquemment le Moyen-Age pour guide, sont-elles fort discutables, l'inspiration religieuse s'y montrant incomplète, à l'état de flamme vacillante. Nous ne parlerons pas de cette pléiade d'artistes qui font de la peinture religieuse accidentellement, sans grande conviction et à défaut d'autre besogne qui leur plairait davantage ; ceux-là font surtout du métier et sont d'une ignorance singulière en tout ce qui concerne les éléments constitutifs d'un art qu'ils n'ont pas étudié et qu'ils méprisent. Malgré le talent natif, originel, qui distingue souvent ces profanes, le meilleur parti à prendre est de passer sous silence leurs productions sans valeur sérieuse, chrétiennement parlant.

Certes la diminution de la foi entre dans ce triste résultat pour une large part ; mais l'une des causes essentielles du discrédit jeté sur l'art chrétien est l'envahissement, dans les diverses interprétations de l'idée religieuse, d'un symbolisme faux, excessif, maladif, où la banalité a remplacé la grandeur, où la mièvrerie l'emporte sur le style et l'élévation. Cette déca-

dence remonte loin, car elle date du xvie siècle, grâce
à l'élément païen qui, dès la Renaissance, s'introduisit
subrepticement par analogie dans l'expression du sentiment chrétien. A ce point de vue, l'époque, d'ailleurs
si brillante, où la vierge Marie et Vénus, Dieu et
Jupiter, Cupidon et Jésus, l'amour divin et l'amour
humain furent mêlés et souvent confondus, a fait grand
tort à la cause que nous tentons de défendre.

II

La déviation du goût à laquelle nous venons de
faire allusion se caractérisa, au xviie siècle, par le
moyen de petits livres mystiques, à estampes, qui
furent destinés, dans la pensée de leurs auteurs, à
entretenir et à exalter la piété des fidèles. Ces livres
ont donné naissance à l'imagerie dite religieuse qui,
à notre époque, a pris une si grande extension et dont
nous nous occuperons plus loin. Dans une intention
évidemment excellente et pour obtenir une forme
saisissante, on crut devoir présenter l'idée religieuse
sous des apparences mythologiques et sensuelles,
telles qu'elles étaient en faveur à cette époque. On
n'hésita pas, par exemple, en prenant pour thème les
rapports de l'âme chrétienne avec Jésus-Christ, à

déguiser Notre-Seigneur en Cupidon et à représenter l'âme sous les traits d'une jeune fille de quinze ans, court vêtue, pour compléter la figure, comme de donner aux liens qui les unissent le caractère le plus frivole, souvent même le plus inconvenant. Dans de pareilles élucubrations, le texte, en vers de mirlitons, souligne d'une manière fâcheuse la vignette à demi érotique. Mais ce qui doit nous frapper et ce que nous devons retenir dans ce symbolisme malsain, c'est le rôle considérable que l'on fit jouer au cœur, figure matérielle, en tirant de là des conséquences sans limites, afin de varier les sujets à l'infini et de rendre cette source précieuse véritablement intarissable. Par ce moyen on obtint des symboles fort ingénieux, mais aussi bien étranges! Pour s'en assurer, il suffit d'ouvrir au hasard des livres tels que le « Typus mundi », publié en 1627 par Jean Cnobbaert; l' « Amoris divini et humani antipathia », de Michaëlem Snyders, qui vit le jour en 1629; un autre ouvrage de 1635, « Schola cordis, » publié, comme les précédents, à Anvers, la grande officine où s'élabora la plus grande partie de cet art et de cette littérature d'ordre particulier; « les Emblèmes d'amour divin et humain » édités par Jean Messager en 1631, à Paris même, et contrefaçon des ouvrages flamands; enfin tant d'autres livres qu'il serait long et fastidieux d'énumérer. Voici quelques types de ces représentations mystiques.

La jeune fille (l'âme humaine) joue au billard
avec Jésus; au bas on lit cette légende :

> « C'est un proverbe; aux jeux d'amours
> Celui qui perd gaigne tousiours. »

Et dans le texte de la page suivante :

> « Dis-moi, Amour, que fais-tu dans le monde?
> Je fais rouler cette machine ronde,
> Je fais jouer tous les ressorts du ciel :
> C'est moy qui fais naistre des feux et flammes,
> C'est moy qui fais perdre et gaigner les âmes,
> Et qui leur donne un jeu perpétuel. »

Jésus, en rémouleur, a pris le cœur de la jeune
fille et le repasse, comme l'on ferait d'un couteau, sur
sa meule; la jeune fille verse l'eau nécessaire à l'opé-
ration.

> « Ce cœur que l'âme attrempe et mouille
> L'amour le polit et desrouille. »

Jésus met le cœur dans un four en disant :

> « L'amour veut cuire en sa fournaise
> Ce cœur à l'ardeur de sa braise. »

On lit à la page suivante :

> « Qu'il est joly ce divin boulanger!
> Mais croyez-vous qu'il oserait manger
> Ce cœur qu'il cuit au milieu de son four?
> Cela s'entend : car il a toujours fain;
> Et ne se paist jamais que de ce pain
> Qu'il cuit lui-même au feu de son amour. »

L'amour divin et l'amour humain pêchent des cœurs à la ligne.

> « Quoy que l'amour humain empesche
> Le divin fait meilleure pesche. »

Le Christ tient d'une main la croix, autour de laquelle s'enroule un serpent, et, de l'autre, élève un cœur ouvert qui laisse entrevoir dans son intérieur un porc et un crapaud. Du sein de Jésus part un jet de sang qui est recueilli par l'âme humaine étendue à terre et dont le bras est soutenu par la figure de la Religion.

> « Celle qui m'ayme et me possède
> Treuve à ses maux tout le remède. »

Des plaies de Jésus coule du sang dans lequel la jeune fille lave son cœur en disant :

> « Je lave mon cœur dans ce bain
> Pour le loger dans votre sein. »

Jésus plante une croix dans le cœur de la jeune fille, en se servant d'une scie à main :

> « Mon jardinier que faites-vous?
> — Je greffe des fruicts aigredoux. »

L'âme est étendue sur la croix, Jésus lui tient le bras :

> « Je meur d'amour, mon cher époux :
> Je le sens bien à vostre poux. »

Ailleurs nous voyons le cœur de la vanité, à la base duquel s'ajuste un soufflet que fait agir le diable. Il s'échappe de ce pauvre cœur un véritable feu d'artifice formé des emblèmes et instruments des joies de ce monde : bijoux, couronne, étendard, globe terrestre figurant la puissance, sceptre, violon, trompette, etc.

Tantôt le cœur est pilé dans un mortier par la même jeune fille en présence de Jésus; tantôt il est mis dans une fournaise pour être soudé à celui de Notre-Seigneur, ou bien il sert de soc de charrue — « aratio cordis » — etc. Mais il faut se limiter, malgré l'attrait que présente cette petite iconographie du cœur. Il y aurait là un travail assez important à faire, surtout à ce point de vue que les représentations emblématiques dont nous venons de parler ont précédé les apparitions de Jésus-Christ à la B. Marguerite-Marie Alacoque d'un demi-siècle environ. On se figure, en général, que de cet épisode datent les représentations matérielles du cœur comme emblèmes de l'amour divin et, très-particulièrement, des rapports de l'âme avec Dieu : ce qui précède prouve le contraire et il serait peut-être plus exact de dire que la sainte religieuse de Paray-le-Monial, subissant, dans une mesure quelconque et de façon plus ou moins consciente, l'influence d'idées en faveur depuis déjà tant d'années, a traduit en conséquence l'impression qu'elle reçut de ses visions et des paroles qu'elle entendit.

Nous n'avons pas l'intention d'insister sur ce point
délicat, non plus, du moins en ce moment, que sur
l'origine des représentations qui font l'objet de cette
petite étude. Avant d'aller plus loin il est nécessaire
d'en finir avec la question de l'imagerie religieuse
examinée au point de vue spécial dont nous nous
occupons.

III

Si, dès le commencement du xviie siècle, l'idée
d'amour et de charité fut exprimée par l'image matérielle du cœur [1], du moins les dessinateurs du temps
utilisèrent-ils cette image pour représenter des sujets
qui, malgré leur inconvenance dans beaucoup de cas,
étaient presque toujours ingénieux dans leur excessive
naïveté et dont l'exagération folle, à la mode de nos
jours, leur fut inconnue. Un esprit sans hostilité de
parti pris peut être légèrement choqué à la vue de ces
petits livres illustrés qui prêtent surtout à la gaieté et
ne contribuent en rien, nous semble-t-il, à développer
la dévotion; mais il n'en est pas de même quand
il s'agit de l'imagerie telle qu'elle est comprise aujour-

1. Nous ne devons cependant pas négliger de dire que la per-
sonnification de la vertu .de charité a fréquemment le cœur pour
attribut, surtout en Italie, durant le Moyen-Age.

d'hui, avec le cœur pour thème à peu près exclusif. Les fabricants d'images, dont le commerce a pris un immense développement, se sont appliqués à faire du réalisme dans tout ce qu'il a de plus répugnant, en représentant le viscère avec ses conditions normales de forme et de couleur, ses plaies supposées d'où le sang s'échappe à flot. Ces gens-là doivent désirer qu'une idée pieuse s'attache également aux circonvolutions cérébrales, au cerveau, siége des sensations et de la pensée, pour avoir une nouvelle mine à exploiter. Cette imagerie, à peu près aussi laide, bien moins naïve et plus dangereuse que celle d'Épinal, est vraiment coupable, car elle a propagé, popularisé un dévotisme faux, bête, hérétique au point de vue de l'art, sinon sous le rapport religieux, en mettant sous nos yeux, avec un pareil acharnement, des cœurs divin et humain, crucifiés, percés par des épées et des poignards, des cœurs saignants, détonnants, tristes, mélancoliques ou joyeux, volants, couronnés, flamboyants, rayonnants, fleuris, qui parlent, qui agissent comme les personnes qu'ils représentent et remplacent absolument, agissant du reste isolément, par couples ou en foule, nourrissant et logeant des oiseaux, coloriés avec un réalisme hideux, qui ont d'autant plus de succès auprès des amateurs qu'ils sont d'un aspect plus révoltant, au point de donner des nausées à certaines natures délicates. Que vient donc faire, à propos de dévotion et de piété, ce viscère de forme laide et disgracieuse, ce muscle creux et charnu, comme l'appellent les dictionnaires, servant de pompe aspirante et foulante à la circulation du sang, et que l'on ne parvient pas à idéaliser en le décorant d'attributs, malgré les flammes et les rayons lumineux dont on l'orne et dont on l'encadre? Il est mauvais, et les bons esprits sont tous de cet avis, croyons-nous, que l'art chrétien tombe ainsi dans une véritable ornière médico-physiologique, enfin qu'une œuvre destinée à exprimer une idée religieuse ait l'apparence d'une planche détachée d'un atlas d'anatomie.

Une revue de toutes les images publiées à Paris dans cet ordre d'idées serait bien longue et nous y renonçons, malgré l'intérêt qu'il y aurait à en faire une monographie susceptible de démontrer la nécessité d'une réaction. Toutefois, il est utile de présenter ici quelques types caractéristiques, non-seulement pour essayer de faire partager notre sentiment au lecteur, au point de vue esthétique, mais aussi pour faire comprendre ce qu'il y a de faux, sous le rapport religieux, dans ces représentations singulières.

Et d'abord, il nous semble difficile d'admettre que l'on puisse établir une égalité parfaite, même en apparence, entre le cœur de Jésus-Christ et celui de sa Mère, ce qui, cependant, a lieu fréquemment. Ainsi les deux cœurs sont réunis sur la croix, entourés d'une couronne d'épines qui leur est commune et ayant pour cadre les instruments de la Passion, qui semblent

leur appartenir également, sous le prétexte « qu'un
même amour les unit et qu'une même douleur les con-
sume »; à la longue, cela finirait par faire croire à certains esprits faibles que Jésus et Marie ont été crucifiés et ont souffert l'un et l'autre pour racheter
l'humanité. Certes, il est très-juste d'associer, surtout
littérairement, les souffrances du Fils et de la Mère,
celle-ci ayant reçu le contre-coup de ce qu'a ressenti
celui-là ; mais ce qui est vrai moralement l'est beaucoup moins au physique et il nous paraît dangereux
de s'aventurer dans des représentations matérielles de
nature à fausser les idées et qui rendent de façon
inexacte une pensée essentiellement poétique. Ailleurs,
les deux cœurs enflammés, l'un surmonté d'une croix
et couronné d'épines, l'autre donnant naissance à une
tige de lys, couronné de roses et percé d'un poignard,
tous deux de même dimension et encadrés en commun
d'une vigne chargée de fruits, reçoivent ensemble les
rayons de lumière que leur envoie le Saint-Esprit. On
n'hésite pas même, parfois, à donner une sorte de
prééminence au cœur de Marie quand, par exemple,
il occupe le centre d'une composition et réunit le cœur
de l'homme à celui de Dieu. Ailleurs encore, le cœur
de la Vierge, environné seul d'une auréole de flammes,
est placé sur la croix au-dessous de celui du Christ,
comme « épouse de Jésus », et paraît être le lien qu
existe entre les plaies de son divin Fils. Du reste cette
tendance à confondre et à égaliser les deux cœurs est

si manifeste que beaucoup de personnes pieuses ne font pas toujours la différence entre la personne divine de Jésus et la personne très-sainte de Marie symbolisées par les deux viscères : effectivement, il n'est pas rare d'entendre dire également le Sacré-Cœur de Jésus et le Sacré-Cœur de Marie, quelquefois même le cœur divin de la Vierge, par des gens qui ne se contentent pas de qualifier la Mère de Dieu de très-sainte, en vertu du culte spécial dont on l'honore. On a beaucoup crié à l'hérésie parce que le Moyen-Age de la décadence, dans un accès de lyrisme pourtant noble et élevé, appela la vierge Marie : « chambre de la Très-Sainte-Trinité; » le chancelier Gerson s'éleva contre une pareille exagération et il fit bien ; or, si nos imagiers modernes sont plus orthodoxes en représentant Notre-Dame du tabernacle, ont-ils raison, cependant, de montrer la Vierge ouvrant ses vêtements et laissant voir son cœur surmonté d'une hostie ? Nous en doutons !

Nous ne voulons pas traiter ici des questions théologiques, cela regarde de plus autorisés ; nous nous en tiendrons aux questions d'esthétique qui font l'objet de cette étude. Dans cet ordre d'idées, nous devons signaler les deux cœurs ailés, entourés en commun d'une couronne d'épines et volant à travers une série de croix transformées en buissons épineux; le cœur de l'homme crucifié et versant un torrent de sang, par imitation de celui de Jésus placé vis-à-vis sur la croix;

le cœur de Jésus faisant couler son sang sur le cœur humain et celui de Marie, avec une plaie semblable, arrosant de même un autre cœur : ce sont « les Trésors du Sacré-Cœur de Jésus et du Saint-Cœur de Marie ». Il y a « l'Horloge vivante » qui se traduit par un immense cadran cloué au milieu de la croix : les cœurs de Jésus et de Marie en occupent le centre et sont entourés d'une couronne d'épines ; au-dessous de chacune des heures marquées au bord du cadran, sont indiqués deux sujets de la Passion, l'un pour l'heure de jour, l'autre pour l'heure de nuit. Le sujet de « la Chaîne d'or » représente Notre-Seigneur en croix ; le cœur du Christ, placé au milieu de sa poitrine, est entouré d'une chaîne le reliant au cœur enflammé du chrétien qui tient le sien entre ses mains. Une des compositions les plus singulières est celle-ci : un cœur immense, celui de Jésus, est placé sur la croix ; à son centre et sur ses côtés sont collés trois cœurs plus petits dont l'un, timbré du monogramme IHS et percé d'un poignard, — c'est le cœur de Marie, — mêle ses flammes avec celui de son Fils ; à droite, cœur enflammé et surmonté d'un lys, — celui de saint Joseph ; — à gauche, cœur également enflammé de saint Jean ; de la terre monte vers cette monstrueuse figure une multitude de petits cœurs toujours surmontés d'une flamme et ailés ; parmi ces cœurs volants quelques-uns n'ont pas réussi dans cette périlleuse ascension et sont retombés sur la terre en perdant leurs ailes en route.

Cette ineptie est intitulée une « Petite Image des degrés de l'amour », et l'invocation habituelle commence par ces mots : « Mon Dieu, faites pousser mes ailes ! » Nous ne pouvons parvenir à comprendre ce que signifient ces deux cœurs enflammés, sans attribut particulier, et qui sont entourés en commun d'une couronne d'épines; au-dessus d'eux est un ciboire surmonté de l'hostie consacrée; la légende dit : « En Jésus, si nous nous aimons, — au ciel nous nous retrouverons. » S'agit-il du cœur de Notre-Seigneur et de celui du chrétien réunis dans un commun amour? Cela est possible, bien que rien ne les différencie, car il n'est pas rare de voir le cœur de Jésus sans attribut. Ainsi, dans une autre image, un simple cœur enflammé, mais ailé par dessus le marché, conduit une barque chargée de trois cœurs également surmontés de la flamme de rigueur; à l'arrière du frêle esquif est plantée une bannière timbrée du monogramme du Christ; le cœur volant, celui de Notre-Seigneur, évidemment, remorque la barque à l'aide d'une corde, passée en bandoulière, vers une couronne de fleurs surmontée de la croix rayonnante. Ailleurs, du cœur d'un jeune homme jaillissent mille autres petits cœurs qui s'élancent vers celui de Jésus; la légende explicative dit : « O Jésus que j'ai trahi mille fois, Jésus qui m'avez mille fois pardonné, que n'ai-je mille cœurs pour vous les offrir! » La Vierge est le sujet d'une composition analogue.

Une autre image nous montre trois cœurs égaux
entre eux, sauf pourtant par leurs attributs, laissant
échapper des flammes qui se mêlent de façon qu'il
soit impossible de déterminer quel est celui qui commu-
nique le feu sacré ou quel est celui qui le reçoit. Une
observation du même genre peut être faite à propos
des cœurs de Jésus et de Marie placés en contact avec
celui de l'homme. « O Jésus, restez prisonnier dans
mon cœur, prisonnier de mon amour : » cette prière
se traduit par un cœur, grand ouvert et contenant Jésus
enfant, couché dans une crèche; un flot de sang sort
de la base de ce cœur, qui est placé derrière une grille
dont les barreaux sont formés de branches de lys.
« O mon Jésus, je vous cherchais dehors et vous étiez
au milieu de mon cœur! » Cela s'exprime par le dessin
en représentant l'Enfant divin enfoncé dans un grand
cœur, comme on le ferait dans un bon fauteuil capi-
tonné.

Une image répugnante à voir est celle qui nous
montre un grand cœur rouge et saignant, enflammé,
rayonnant, dans la plaie béante duquel entre une
colombe dont on ne voit plus que la queue et l'extrê-
mité des ailes; deux autres oiseaux s'apprêtent à péné-
trer à leur tour dans ce nid d'un genre nouveau; cette
chose hideuse symbolise « l'Ame pénétrant dans les
profondeurs de la double nature du Christ par l'union
et la contemplation. » Signalons encore l'emblème du
nom de la bienheureuse Marguerite-Marie, consistant

en une énorme marguerite appliquée sur la croix ; au
centre de la fleur est le cœur de Jésus ; sur ses pétales
sont inscrits les divers sentiments de la sainte religieuse pour le Christ. Mais à quoi bon prolonger
davantage une énumération qui semble déjà bien
longue ? Finissons donc par cette image intitulée « le
Psautier des amants » et représentant Notre-Seigneur
crucifié, dont le corps est couvert de plaies horribles ;
au-dessous de lui une multitude de petits cœurs
semblent danser une ronde fantastique, tandis qu'une
pluie de sang, jaillissant des cinq plaies principales,
tombe sur eux. Enfin, n'oublions pas cette estampe,
accompagnée d'une formule qui a les allures d'une
ordonnance médicale : « Baume calmant qui découle
de la croix ; — on l'applique goutte à goutte. » —
Ce « Baume de Dieu pour toutes les plaies du cœur »
c'est le sang de Jésus coulant d'une blessure qui lui
est faite par une main sortant du ciel, et qui se répand
sur la terre ; Marie, agenouillée au pied du palmier
sur lequel son Fils est crucifié, approche de la plaie
saignante un cœur enflammé, pour qu'il reçoive une
large part de ce baume destiné à le guérir, tandis
qu'une grande quantité d'autres cœurs, non moins
décorés de flammes et percés de flèches, sont étendus
à terre en attendant de recevoir leur part de la rosée
bienfaisante.

O belles traditions du Moyen-Age, qu'êtes-vous
devenues ! Dans ce siècle blasé, affadi, peuplé d'âmes

malades et sensuelles, les petites pratiques, les petits cantiques sur l'air de « Femme sensible », les petites médailles qui guérissent de la rage, les petits Jésus en cire et les mille petits bibelots dignes tout au plus de faire la joie des enfants et la tranquillité des parents, ont remplacé la foi simple et robuste, les chants magnifiques, le grand art, les poëmes admirables peints, sculptés, ciselés, tissés par des moines et des laïques privilégiés, par ces hommes qui se considéraient comme de simples ouvriers ayant un mandat spécial à remplir et qui, cependant, produisaient habituellement des chefs-d'œuvre que l'on s'évertue aujourd'hui, le plus souvent sans succès, à imiter. Au Moyen-Age, ces grands artistes qui étaient toujours de grands poëtes trouvaient une mine inépuisable à exploiter, un enseignement complet à développer dans les saintes Écritures et les légendes, — que tous les fidèles connaissaient et comprenaient sans savoir lire, — et dont ils se servaient pour décorer les églises et les maisons, peindre les miniatures des manuscrits et, aux xv⁰ et xvi⁰ siècles, graver les estampes des livres d'heures. Les populations chrétiennes étaient familiarisées avec cette immense iconographie, d'un caractère si noble et si élevé, si merveilleusement ingénieuse, si absolument propre enfin à imposer la foi, à enseigner la charité, à entretenir l'espérance. Faut-il donc que, pour nourrir la piété du peuple, on en soit réduit de nos jours à encourager la vente et à distribuer par

2

millions d'exemplaires des images dont le moindre défaut est la banalité, le plus grand crime la laideur de l'exécution jointe à la folle sottise de conceptions qui s'éloignent, autant que faire se peut, des règles élémentaires du goût, de la pudeur, du bon sens et de la raison[1]! Cette imagerie insensée, qui est une arme de plus entre les mains des ennemis de la religion, en donnant aux gens de mauvaise volonté un prétexte pour essayer de jeter sur le catholicisme le ridicule et le discrédit, cette imagerie a une importance énorme au point de vue du présent et de l'avenir de l'art chrétien. Effectivement, les personnes qui, grâce à leur situation dans le monde, leurs sentiments religieux et leur fortune, font exécuter des tableaux, des vitraux et même de la sculpture pour les autels, les chaires et autres objets mobiliers des églises ou des chapelles particulières, ces personnes, disons-nous, dans un très-grand nombre de cas, recommandent ou imposent aux artistes spéciaux des modèles inspirés, en tout ou en partie, des compositions ineptes qui sont popularisées et répandues dans le monde chrétien sous la forme d'images : voilà le crime ! Peut-être

1. Comment ne pas déplorer qu'on ose annoncer dans les journaux religieux des nouveautés d'un goût suprême en objets de piété tels que « Fantaisies religieuses, Chemins de croix dépliants, Oratoires de poche, Crèches avec le bœuf et l'âne, » absolument comme certains grands établissements préviennent le public qu'ils mettent en vente des étoffes de création récente et autres articles merveilleux, d'un bon marché sans exemple !

laisserions-nous tranquilles les marchands de ces petites choses, dénuées de toute importance apparente, si leurs produits n'avaient pas une influence aussi considérable que fâcheuse sur l'esprit du public religieux, si ces commerçants n'avaient pas fini, à la longue, par inventer un art et un genre de dévotion nouveaux contre lesquels on n'ose presque plus protester.

Mais, en présence du mal qui se propage dans des proportions inouïes, il est de devoir étroit de faire courageusement une guerre ouverte et sans merci à cette peste, comparable aux plaies d'Égypte. Où est donc le remède ? comment peut-on obtenir la réaction nécessaire et le retour vers une doctrine esthétique meilleure ? C'est au clergé à prendre en main cette cause. Que les autorités religieuses établissent des commissions locales, composées d'ecclésiastiques graves et instruits, ainsi que de laïques choisis parmi les artistes et les archéologues les plus autorisés ; que ces commissions accordent une estampille aux images reproduisant d'une façon convenable les œuvres les meilleures des maîtres anciens et modernes, tels que Giotto, Fra Angelico, le Pérugin, Orcagna, Masaccio, Pinturricchio, Ghirlandajo, Razzi dit le Sodoma, Hemling, Van Eyck, Quentin Metzys, Ingres, Flandrin, Overbeck et tant d'autres ! Quand les ecclésiastiques ayant charge d'âmes se décideront à décourager, par tous les moyens d'ordre moral dont ils disposent, les productions malsaines, la réaction se fera et on imitera en France, en faisant mieux encore, les procédés de l'école allemande de Dusseldorf. Les commissions d'art chrétien, instituées dans tous les diocèses, obligeront facilement les éditeurs d'images à désirer leur estampille, et celle-ci, appliquée avec plus de discernement que celle de la commission du colportage sur les livres populaires, gagnera, dans un temps donné, une autorité suffisante pour nous délivrer d'une plaie vive qui est la honte et peut-être la mort, à courte échéance, d'une piété saine, ainsi que de l'art chrétien.

IV

La dévotion au Sacré-Cœur doit son développement considérable et sa popularité toujours croissante aux apparitions de Jésus-Christ à la bienheureuse Marguerite-Marie Alacoque, religieuse visitandine du monastère de Paray-le-Monial. Cette dévotion est une forme nouvelle et surtout très-précise du culte spécial que nous devons à Notre-Seigneur mort sur la croix pour nous sauver ; c'est l'expression exacte et formelle de la reconnaissance de l'âme chrétienne pour son Créateur, qui s'est fait homme et a versé son sang afin de régénérer l'humanité, comme ce Cœur lui-même est le symbole de l'amour sans limites du divin supplicié pour la créature faite à son image et qu'il a rachetée.

« La dévotion au Cœur sacré de Jésus est de tous les temps, si on la considère dans son principe et dans son essence ; car le cœur, c'est le signe et le symbole de l'amour dans le langage, parce qu'il en est l'organe dans le corps humain sous les impressions de l'âme... Tout ce que l'on a jamais fait, afin de rappeler combien Jésus nous a aimés, afin de lui rendre amour pour amour, afin de nous exciter à l'aimer, revient à la dévotion adressée plus expressément en ces derniers temps à son Cœur adorable. Cette dévotion, en un mot, n'est autre, dans le fond, que la dévotion même à son divin amour, mais sous une forme également propre à nous rappeler tout ce qu'il a humainement ressenti pour nous, et dans son âme et dans son corps[1]. »

Le Moyen-Age et la Renaissance n'éprouvèrent pas le besoin de donner cette direction spéciale à la piété des fidèles, non plus que d'exprimer matériellement, au moyen de la représentation du cœur, la double idée d'amour et de sacrifice qui unit étroitement l'homme et Dieu. Les innombrables tableaux peints et sculptés des sujets de la Passion, couronnés

1. « Guide de l'Art chrétien », par M. le comte de Saint Laurent ; tome II, page 324.

par le Crucifiement, répondirent de manière suffisante
à la nécessité de rappeler et de rendre sensible ce que
Jésus-Christ a souffert pour nous, ainsi qu'au sentiment de reconnaissance que le mystère de la Rédemption nous impose. Toutefois, cette sublime idée
d'amour et de charité fut souvent symbolisée, très-
heureusement et avec un sens poétique élevé, à
l'aide de paraboles telles que celles du Bon Samaritain
et de l'Enfant prodigue, enfin par ce beau sujet du
pélican qui s'ouvre le cœur pour nourrir ses petits de
son sang. Le Bon Samaritain rencontrant et s'empres-
sant de secourir son semblable étendu à terre, couvert de blessures et abandonné de tous, est une admirable figure de la charité de Dieu, de même que le
vieillard pardonnant à son fils ingrat et prodigue
est également, et d'une façon plus saisissante encore,
peut-être, l'emblème de l'amour et de l'indulgence
inépuisables de Celui que nous ne cessons d'of-
fenser.

Jusqu'à l'époque qui a donné naissance au mysticisme alambiqué dont nous avons parlé plus haut,
c'est-à-dire jusqu'au XVIIᵉ siècle, la représentation
matérielle du Cœur ne fut donc pas jugée nécessaire
pour exprimer l'idée particulière de l'amour divin ; le
viscère ne semble être apparu, très-exceptionnelle-
ment, que pour servir d'attribut à la figure de la
vertu de charité et, à partir du XVIᵉ siècle, à saint
Augustin ; toutefois, il est facile de reconnaître là une

origine bien authentique de l'usage plus étendu et plus caractérisé que l'on fit ensuite de cet organe. A la bienheureuse Marguerite-Marie appartient véritablement d'avoir donné une forme spéciale, précise et palpable à la dévotion envers le Cœur sacré de Jésus; jusqu'à elle les saints personnages, ses précurseurs, qui ont le plus contribué à développer cette dévotion par leurs écrits, leurs prédications, leur amour pour Notre-Seigneur et les faveurs qu'ils en reçurent, ont prononcé le mot, mais en paraissant lui donner le sens un peu vague et figuré qu'on y attache d'habitude. Du moins, il ne résulta pas de leurs préoccupations constantes, au sujet des souffrances acceptées par l'Homme-Dieu pour racheter l'humanité, non plus que de leurs révélations ni des stigmates que plusieurs d'entre eux eurent l'insigne privilége de recevoir, l'établissement, réservé à l'illustre visitandine du xvıı^e siècle, d'une dévotion qui s'adresse en quelque sorte au sang versé par le Christ. Bien que véritablement cette dévotion soit spéciale dans son principe, sa conséquence forcée est d'avoir pour objet final la personne tout entière de Notre-Seigneur. Effectivement, il est utile de rappeler qu'en adorant le cœur ou le sang de Jésus, on adore réellement Jésus lui-même, car la plus minime fraction de ce corps divin équivaut à l'ensemble de la personne du Christ et cela en vertu de ce qu'on appelle l'union hypostatique, axiome de théologie qui ne permet pas le doute à cet égard. Si

donc, dogmatiquement, en adorant le cœur de Jésus
on adore Jésus tout entier, l'intérêt qui s'attache à la
représentation du viscère, pour donner un corps à la
dévotion dont elle est le signe sensible, se trouve bien
diminué. Enfin si la dévotion elle-même, dans sa
forme nouvelle, s'impose aux âmes catholiques, en
même temps qu'elle mérite les respects de tous, indif-
férents ou pratiquants, il est permis, nous semble-t-il,
de désirer que l'on s'en tienne, pour l'exprimer matériellement, à des procédés artistiques très-sobres,
très-modérés, dont le caractère élevé ne permette pas
le sourire.

Que, littérairement, en prose, en poésie, dans la
prière, les chants et l'enseignement religieux, dans
toutes les circonstances, enfin, où il convient de rappeler l'idée de l'amour de Dieu pour les hommes ainsi
que les preuves que Jésus en a données, il soit question
du Sacré-Cœur et du cœur très-saint de Marie, rien
n'est plus rationnel. D'ailleurs, nous ne saurions trop
le répéter, la dévotion elle-même est absolument res-
pectable; il faut admettre aussi qu'elle est devenue
nécessaire pour infuser en quelque sorte un sang nouveau à la piété affaiblie de la population catholique,
car elle a pour conséquence d'attirer expressément la
pensée de chacun sur le mystère sublime de la Rédemption. La question n'est pas là et nous ne voulons
discuter que la manière dont on doit, en esthétique
chrétienne, traduire une idée fort nette dans son

essence et son expression littéraire, mais singulièrement diffuse quand il s'agit de lui donner un corps à l'aide des arts du dessin, surtout lorsqu'on ne se contente pas des règles admises par les seize premiers siècles du christianisme. La dévotion aux cœurs de Jésus et de Marie s'impose, il serait puéril de n'en pas convenir, et l'art doit non-seulement l'accepter, mais s'y prêter et la développer en raison des bienfaits que la religion, si éprouvée en ce moment, est en droit d'en attendre. Jamais, du reste, l'art ne s'est trouvé en opposition avec la religion qu'il a, au contraire, soutenue et propagée dans des proportions inouïes, le Moyen-Age en est témoin.

V

Il est certain que la représentation du cœur, isolé ou attaché, de façon apparente, à la personne dont il est l'organe, n'est nullement en harmonie avec les conditions essentielles de l'art et de la logique. Cet élément, nouveau par l'usage qu'on en a fait, ne se prête à aucune combinaison esthétique bien distinguée. Les sujets eux-mêmes qui découlent de l'idée prise dans son acception étroite sont peu nombreux, médiocres d'effet et ne sont susceptibles d'offrir aucun intérêt saisissant aux yeux; enfin ils ont l'immense inconvénient de tomber, par une conséquence fatale, dans le maniéré, dans l'allégorie banale et dans un mysticisme excessif, touchant à la monomanie, qui est peut-être un danger pour beaucoup d'âmes pieuses et, particulièrement, pour certaines personnes qui vivent dans le monde. Nous devons nous plaindre aussi de la tendance, très-caractérisée aujourd'hui, qui consiste à remplacer par ces sujets, toujours les mêmes, des scènes infiniment plus belles et mieux entendues pour élever les pensées et instruire les populations.

Partout, maintenant, l'idée du Sacré-Cœur de Jésus ne paraît plus guère devoir s'exprimer qu'au moyen de l'apparition de Notre-Seigneur à la bienheureuse Marguerite-Marie, et cependant ce miracle est un simple épisode, très-important, il est vrai, dans la longue histoire des manifestations de l'amour de Dieu pour les hommes. De tous les côtés, on demande, — et on obtient à des prix doux, — l'éternelle représentation de Jésus-Christ descendant d'un nuage au-dessus de l'autel, dans la chapelle du monastère de Paray-le-Monial, et montrant son cœur à la sainte visitandine agenouillée devant lui. L'autre apparition dans le jardin est presque dédaignée, comme moins solennelle et probablement de qualité inférieure. Les tableaux, les vitraux surtout, commandés pour les églises, ne comportent plus que cette apparition de Jésus à la bienheureuse, quand il s'agit de décorer la chapelle placée sous le vocable du Sacré-Cœur. Le public religieux semble ne plus s'intéresser qu'à cela; il ne se préoccupe pas assez des conditions mauvaises dans lesquelles on fait entrer ainsi l'art chrétien, car il est plus que difficile de produire une bonne verrière et même un tableau de quelque valeur avec de semblables éléments : un intérieur de chapelle, Notre-Seigneur sur un nuage dominant un autel qui est garni de sa croix et de ses chandeliers en style Louis XIV, enfin une religieuse de la Visitation agenouillée. Un très-grand peintre pourrait, à la rigueur, faire un bon tableau en interprétant ce sujet; mais ce tableau reste à exécuter et ne saurait être répété indéfiniment ni, surtout, traduit en peinture sur verre décorative. Le mieux serait d'user avec sobriété de cette scène, d'un immense intérêt religieux, dont la littérature peut s'emparer à son aise, mais détestable au point de vue plastique. Nous hésitons d'autant moins à proposer une grande modération dans ce genre de représentations qu'il est facile d'exprimer l'idée du Sacré-Cœur au moyen de sujets plus favorables aux arts du dessin et que les apparitions pourront toujours trouver leur place, à titre épisodique, dans des vitraux comportant plusieurs scènes superposées et développant de façon plus ou moins complète l'histoire symbolique du cœur de Jésus. Le fait du glorieux privilége accordé à la bienheureuse Marguerite-Marie peut d'ailleurs être rappelé en attribuant à ce sujet spécial une place d'honneur, le centre d'une composition, par exemple, mais sans tenir un compte trop rigoureux des conditions de lieux et d'accessoires, souvent de minime importance en matière d'art. Ce sujet, accompagné d'autres scènes ou bien encore de personnages ayant un rapport direct avec l'idée à développer, deviendrait fort acceptable et pourrait même offrir un sérieux intérêt.

Quelques mots sont nécessaires, maintenant, pour traiter, mais de façon sommaire, de la représentation de la figure de Jésus, à laquelle est attachée l'idée très-formelle du Sacré-Cœur. Toutes les raisons indiquées plus haut tendent à donner au cœur, dans son expression matérielle, aussi peu d'importance que possible ; mais nous irons plus loin en proposant sa suppression complète, s'il est admis que l'idée peut être rendue compréhensible sans son secours, ce que nous croyons. La pensée dominante, et en quelque sorte exclusive, quand on veut figurer le Sacré-Cœur, est la traduction des mémorables paroles adressées par Jésus-Christ à la bienheureuse Marguerite-Marie : « Voilà ce cœur qui a tant aimé les hommes. » En prononçant ces mots, Notre-Seigneur a-t-il montré matériellement son cœur à la sainte religieuse ? Cela est possible et nous n'avons pas à nous en préoccuper au point de vue qui nous intéresse en ce moment, car, dans l'affirmative, ce ne serait pas une raison absolument suffisante pour rendre le viscère apparent dans les représentations du sujet de l'apparition ou de la figure isolée du Christ montrant son cœur. Nous pensons que le geste de Jésus, bien caractérisé, le mouvement très-net du doigt indicateur dirigé vers la région du cœur, suffit amplement à la compréhension de la pensée que l'on a voulu exprimer. A quoi bon faire sortir, par un procédé essentiellement illogique, le viscère de la cavité thoracique qui le contient, pour l'exposer aux regards, si cela n'ajoute rien à l'intelligence du sujet? Toutefois, on pourrait faciliter encore davantage le sens de l'image en plaçant un point lumineux sur le côté gauche de la poitrine indiqué par le geste de Notre-Seigneur. Ce moyen nous semble de nature à concilier l'idée pieuse avec une bonne interprétation matérielle, mais à la condition que les rayons partant du cœur soient très-fins, assez courts et détachés les uns des autres, de manière à produire un rayonnement transparent et léger, pour en rendre l'emploi sans inconvénient. Ces réflexions s'appliquent également à la statuaire, que l'on déshonore tous les jours de plus en plus, et dans laquelle, à défaut de polychromie, le geste suffit au même degré, pour le moins, qu'en peinture. Aux personnes qui exigeront quand même la vue du cœur, nous conseillerons de donner à celui-ci de très-petites dimensions, comme à la flamme qui le surmonte et à la couronne d'épines qui l'entoure; enfin, nous demandons instamment que l'on renonce à ouvrir la tunique de Jésus-Christ pour montrer sa poitrine nue : usage peu convenable, dans lequel la logique perd ses droits, et qui n'a même pas l'avantage de rappeler avec exactitude la scène historique de l'apparition. En effet, à supposer que la bienheureuse Marguerite-Marie ait eu la vue matérielle du cœur de Notre-Seigneur, il n'est pas vraisemblable que le Fils de Dieu ait eu besoin d'ouvrir ses vêtements et de faire saillir son cœur de sa poitrine pour le rendre visible; il semble plutôt que ce corps divin soit devenu transparent comme du cristal pour permettre à la religieuse privilégiée de voir son cœur. Du reste, sous la réserve d'une décision contraire de l'autorité ecclésiastique, nous attribuons aux paroles du Christ un sens figuré que l'on a peut-être eu le tort de traduire à l'aide de procédés réalistes qui ne convenaient, nous semble-t-il, à aucun degré.

Quant aux représentations de Jésus tenant son cœur à la main, il n'y a pas lieu de les discuter, car elles appartiennent au genre grotesque et ne méritent pas les honneurs de l'examen.

En résumé, nous voudrions voir disparaître le cœur dans toutes les circonstances où on a pris l'habitude de le représenter, sauf quand il sert d'attribut à un certain nombre de saints personnages tels que ceux dont nous donnerons une nomenclature assez complète en terminant cet opuscule. Nous admettons aussi le cœur à titre « d'ex-voto » en relief et exécuté en

.métal, mais à la condition que ces pièces d'orfévrerie
soient conçues avec goût et simplicité.

VI

Nous ne pouvons nous dispenser de joindre à ce
travail, en le terminant, l'humble témoignage de notre
admiration pour l'énergique persévérance avec laquelle
le vénérable cardinal-archevêque de Paris poursuit
la réalisation de son magnifique projet d'église à élever
sur le sommet de Montmartre, en l'honneur du Sacré-
Cœur de Jésus. La montagne qui a vu s'édifier les
temples dédiés à Mars et à Mercure, et sur laquelle
s'est accompli ensuite le martyre du grand apôtre de
Paris, saint Denis, ainsi que celui de ses deux coopé-
rateurs, le prêtre Rustique et le diacre Éleuthère, ser-
vira bientôt de piédestal à la grande église consacrée au
divin Supplicié. La position choisie est aussi belle qu'il
était possible de la désirer; les ressources ne man-
queront certainement pas pour la construction rapide
de l'édifice, et le résultat du concours ouvert en ce
moment même sera, nous n'en pouvons douter, digne
du prélat qui en est le haut inspirateur, de la grande
ville que le monument dominera majestueusement, et
de la France, que le Sacré-Cœur de Jésus protégera
dans son avenir incertain.

La décoration de ce vaste monument est, en raison même de son vocable, un des plus admirables problèmes d'iconographie qu'il ait été donné à l'artiste chrétien de résoudre. Nous ne pouvons penser à développer ici cet immense programme, qui exige une longue étude mûrie par une profonde méditation ; mais qu'il nous soit permis, cependant, de présenter une idée générale du système iconographique qui nous semble convenir à l'interprétation de la grande pensée du cardinal-archevêque de Paris. Ceci est une sorte de canevas sur lequel on peut broder à son aise et faire pousser les fleurs fécondées par le souvenir du sang du Christ.

Il semble que l'édifice devra, pour diverses raisons, être construit en style roman ou byzantin. Si cette disposition est définitivement adoptée, il en résultera la facilité d'établir d'assez grandes surfaces propres à une décoration peinte, soit par les procédés ordinaires, soit — ce que nous préférerions — par le moyen de la mosaïque. Une frise courant le long de la nef serait merveilleusement disposée pour recevoir une composition analogue à celle qui, à Saint-Vincent-de-Paul de Paris, est le principal titre de gloire du si regrettable Flandrin. Cette grande frise pourrait même constituer la partie essentielle de la décoration et être le résumé du système dont le développement détaillé trouverait sa place aux coupoles et dans les chapelles. Nous voudrions donc voir s'avancer, de l'entrée jusqu'au fond de l'édifice, l'humanité tout entière représentée par ses membres les plus illustres au point de vue spécial qui est la base de l'idée à exprimer. D'un côté, les personnages antérieurs à Jésus et ses contemporains, ceux qui l'ont annoncé, qui l'ont aimé et qui ont été les témoins de sa passion ; de l'autre côté, les saints qui ont eu pour le Christ une dévotion particulière, qui ont propagé le culte de son cœur dans le monde, par leurs prédications, leurs écrits et leurs actes de tout genre. Cette foule viendrait rendre hommage à Celui qui a tant aimé les hommes ; par conséquent, au fond de l'abside de l'édifice reposerait l'Homme-Dieu dans sa gloire, montrant ses plaies et son cœur sacré ; mais il serait mieux encore, à notre sentiment, de placer là Notre-Seigneur crucifié entre la vierge Marie et saint Jean, puisque cette magnifique scène du Crucifiement est le plus beau sujet d'amour et de charité qu'il soit possible de trouver et de représenter, en même temps que le point de départ et la raison de la dévotion au Sacré-Cœur ; cette combinaison serait d'autant meilleure que le Christ, montrant son cœur, doit figurer à l'extérieur de l'église.

Ainsi, d'une part, les patriarches, les prophètes, l'Enfant prodigue et son père, le bon Samaritain, le charitable Booz, le roi David, à qui Nathan pardonne ses fautes et montre le divin Juge, saint Jean-Baptiste, saint Joseph, les Apôtres, les Évangélistes, la femme adul-

tère envers qui Jésus se montra si clément, les infirmes
et les morts que le Christ a guéris ou ressuscités, saint
Dismas le bon larron, Joseph d'Arimathie, Nico-
dème, sainte Véronique, portant son voile timbré de
la Sainte-Face, Simon le Cyrénéen, sainte Madeleine,
saint Longin qui a percé de sa lance le côté de
Notre-Seigneur, et à qui saint Thomas l'incrédule
montre la plaie toujours vive faite par ce bourreau
converti.

D'autre part la foule des saints dont nous avons
parlé déjà et auxquels peuvent être adjoints quelques
personnages non canonisés, en raison de leur importance spéciale.

Sainte-Hélène portant la croix, accompagnée de son
fils Constantin, le premier empereur chrétien vainqueur
par le signe du salut; sainte Paule, dame romaine,
qui alla en Palestine afin d'y étudier les lieux illustrés
par la passion du Christ, ayant près d'elle sa fille
Eustochie; saint Augustin écrivant ce passage de ses
« Confessions » : « J'avais le cœur plein du désir
d'être à vous », et sa mère sainte Monique qui eut
la gloire d'inspirer l'amour de Notre-Seigneur à son
fils; saint Valentin, prêtre et martyr romain; saint
Colomban; saint Herménégilde; le grand saint Martin
de Tours, une des plus belles figures de la charité
chrétienne; sainte Clotilde, reine; saint Louis, roi de
France, portant la couronne d'épines; saint Bernardin
de Sienne, franciscain, qui répandit dans la chrétienté

la dévotion au saint nom de Jésus et qui disait que le Christ nous montre son cœur comme une fournaise du plus ardent amour capable d'embraser l'univers ; saint Jean de Capistran, autre franciscain qui faisait répéter le nom de Jésus aux défenseurs de Belgrade assiégée par les Turcs ; saint Jacques de la Marche, également franciscain, tous trois précédés de l'illustre fondateur de leur ordre, saint François d'Assise montrant ses stigmates ; le bienheureux Henri Suso, dominicain ; saint Ignace, évêque d'Antioche : — livré aux bêtes dans l'amphithéâtre, ce saint a la poitrine ouverte par la griffe d'un lion et l'on voit le monogramme du Christ tracé sur son cœur en caractères lumineux ; — saint Jean Columbin, précurseur de saint Ignace ; saint Frumence, apôtre de l'Abyssinie ; saint Thomas d'Aquin qui nous montre le cœur de Jésus comme le témoin de son immense charité envers les hommes ; saint Édouard, roi d'Angleterre ; sainte Julienne ; sainte Élisabeth de Hongrie ; saint Henri, empereur ; saint Elzéar de Sabran ; saint Pierre Damiens ; saint Bonaventure qui parle du cœur de Jésus comme étant la source de la grâce et du salut ; sainte Ludivine, puisant, dans la méditation des souffrances du Christ, la force de supporter ses propres douleurs, qui lui firent passer vingt-trois ans dans son lit ; saint Bernard, auteur de ces belles paroles : « Jésus étant mon chef, le cœur de Jésus est mon cœur et je n'ai vraiment qu'un même cœur avec Jésus ; » sainte Catherine de

Sienne, la stigmatisée; saint Stanislas Kotska avec la flamme qui, d'après une curieuse légende, s'échappait de sa poitrine comme pour livrer passage à l'expression de son amour pour Jésus; saint Léandre, évêque de Séville; saint Macaire d'Arménie, évêque d'Antioche; saint Antoine de Padoue; sainte Opportune, abbesse; sainte Gertrude d'Eisleben, autre abbesse bénédictine, dont le cœur est représenté servant de trône à l'enfant Jésus pour rappeler les paroles de Notre-Seigneur : « vous me trouverez dans le cœur de Gertrude, » ou bien ouvert et timbré des instruments de la Passion; sainte Brigitte de Suède; sainte Mechtilde, religieuse bénédictine et sœur de sainte Gertrude, dont le cœur reçut aussi l'effigie du Christ; sainte Claire de Montefalco, avec le cœur marqué des instruments du supplice de Jésus; sainte Marie-Madeleine dei Pazzi, carmélite; sainte Catherine de Gênes; sainte Thérèse dont le cœur fut percé par un ange d'une flèche enflammée, — on dit que l'on en retrouva la trace après sa mort; — sainte Véronique Juliani, capucine, qui eut le même privilége que sainte Gertrude; sainte Edilburge, bénédictine; saint Ignace de Loyola tenant le chrisme entre ses mains; saint Vincent Ferrier; saint-Charles Borromée; saint François de Sales; saint François-Xavier; saint Vincent-de-Paul, l'admirable apôtre de la charité; sainte Jeanne-Françoise de Chantal qui traça, à ce que l'on prétend, le nom de Jésus sur sa poitrine, ce qui fut découvert après sa mort; saint Pie V, pape; la bienheureuse Marguerite-Marie Alacoque, à laquelle il faudrait nécessairement ménager une place de premier plan; la vénérable Marguerite du Saint-Sacrement, carmélite; le père Eudes, l'illustre apôtre du Sacré-Cœur; le père de la Colombière, directeur et protecteur de la bienheureuse Marguerite-Marie; Marie de Portugal, une pieuse princesse; Belzunce, l'évêque de Marseille, qui consacra son diocèse au Sacré-Cœur de Jésus afin d'obtenir la cessation de la grande peste de 1720; le pape Clément XIII qui autorisa dans l'Église universelle la dévotion à ce cœur divin; le pape Pie VI qui déclara, en 1796 et par jugement dogmatique, téméraire et pernicieuse la doctrine de ceux qui rejettent la dévotion au Sacré-Cœur; le pape Pie VII qui accorda des indulgences aux confréries spécialement érigées, ainsi qu'à certaines pratiques accomplies en l'honneur du Cœur de Jésus; le grand Pie IX, introducteur, dans la liturgie catholique, comme devant en être une partie intégrante et nécessaire, de la fête du Sacré-Cœur; la sympathique figure de Marie Leckzinska, la femme de Louis XV, qui obtint de l'Assemblée générale du clergé de France, en 1765, que le culte public, la messe et l'office du Sacré-Cœur fussent officiellement établis dans tous les diocèses du royaume; enfin le roi Louis XVI qui, en 1792, consacra la France au Sacré-Cœur de Jésus, lorsqu'il était prisonnier aux

Tuileries et au moment d'être conduit au Temple. Ajoutons que si la vierge Marie n'avait pas déjà sa place auprès de Notre-Seigneur dans la scène du Crucifiement représentée au chevet de l'édifice et vers laquelle convergent les deux grandes divisions de cette procession, elle devrait naturellement être en tête de cette foule qu'elle semblerait amener aux pieds de son divin Fils.

On prendrait, dans la vie de tous ces saints ou vénérables personnages, une quantité considérable de faits et de sujets se rapportant à l'idée du Sacré-Cœur, dans son acception la plus large, pour décorer les fenêtres et les murs des chapelles, ainsi que certaines parties de la voûte, tout ce qui, en un mot, dans un grand édifice, est susceptible de recevoir une décoration peinte ou sculptée ; mais le chœur, ou du moins l'abside, serait consacré au drame douloureux de la Passion. Enfin il ne faudrait pas oublier de donner une place importante aux figures qui, dans l'Ancien et le Nouveau Testament, symbolisent si bien l'amour de Dieu pour les hommes et dont nous avons eu l'ocasion de parler, mais de façon si incomplète, dans le cours de cette étude. On obtiendrait ainsi, nous le croyons, une véritable histoire du Sacré-Cœur, à laquelle il serait juste d'associer l'idée particulière du saint cœur de Marie. Quel beau thème à développer et quel poëme sublime à écrire sur les murs de l'église consacrée à

la gloire de l'Homme-Dieu et destinée à servir d'enseignement permanent au peuple chrétien, sous le
double rapport de l'Art et de la Religion!

13 mai 1874.

P.-S. — Le lecteur a pu sourire quand, dans la
première partie de ce petit travail, nous lui avons fait
part de nos appréhensions au sujet de la dévotion spéciale qui s'attacherait peut-être un jour au cerveau de
Notre-Seigneur. Cette éventualité pourrait cependant
bien se réaliser plus tard, grâce aux déplorables ten-
dances de l'imagerie contemporaine. La raison de
notre crainte est dans une proposition faite, il y a
quelque temps, par une Revue essentiellement religieuse et qu'il ne convient pas de désigner par son
nom. Il nous revient que cette feuille pieuse exprima le
vœu de voir s'établir le culte de la Sainte-Bouche et
des Saintes-Mains! Déjà le culte du Cœur de Jésus ne
suffisait plus à alimenter la dévotion des rédacteurs du
journal dont il s'agit, et il est à supposer que, si
l'Église n'y met bon ordre, nous arriverons insensible-
ment à voir le corps sacré du Christ divisé par petits
fragments qui seront livrés ainsi à l'adoration des
fidèles, de manière à satisfaire les goûts particuliers

de chacun. Le divin Rédempteur n'est-il donc pas envisagé plus noblement dans l'ensemble de sa Personne ainsi que dans les trois mystères de l'Incarnation, de la Rédemption et de l'Eucharistie, que par le moyen de ces procédés d'un réalisme odieux? Nous avons dit, à plusieurs reprises, notre profond respect pour la dévotion au Sacré-Cœur; mais il est bon de s'en tenir là et d'imiter la discrétion du Moyen-Age expirant, qui sut donner un caractère élevé à l'idée si populaire aujourd'hui du Cœur de Jésus, en l'exprimant par la dévotion aux cinq plaies du Sauveur du monde.

PARIS. — J. CLAYE, IMPRIMEUR, RUE SAINT-BENOÎT. — |953|

DIDRON

LIBRAIRIE D'ART ET D'ARCHÉOLOGIE

23, RUE SAINT-DOMINIQUE, PARIS

ANNALES ARCHÉOLOGIQUES, fondées par DIDRON AÎNÉ, continuées par ÉDOUARD DIDRON. — Collection de 27 volumes in-4° de 400 pages chacun, renfermant environ 600 gravures hors texte et un grand nombre de bois gravés dans le texte. Véritable encyclopédie de l'art du Moyen-Age dans toutes ses divisions.

> Prix de chaque volume broché. . . . . 30 fr.
> Prix de la collection des 27 volumes. . . . . 800 fr.

GUIDE DE L'ART CHRÉTIEN. Études d'esthétique et d'iconographie, par le COMTE DE GRIMOUARD DE SAINT-LAURENT, commandeur de l'ordre de Pie IX. — 5 volumes grand in-8°, ornés de 130 planches hors texte et de 240 bois gravés. Ouvrage honoré de l'approbation de NN. SS. les évêques de Poitiers, de Dijon, de Tours; de Mgr Baillès, ancien évêque de Luçon; du R. P. Cahier, de M. Rio, de M. le commandeur de Rossi, etc.

> Prix des 5 volumes. . . . . 50 fr.

SOCIÉTÉ D'ARUNDEL, de Londres, fondée pour la propagation de la connaissance de l'art par la publication des plus importantes œuvres des anciens maîtres. Gravures et chromolithographies des plus belles œuvres de *Giotto, Fra Angelico, O. Nelli, B. Luini, Pérugin, Pinturicchio, André del Sarte, Léonard de Vinci, Masaccio, Masolino, Lippi, Mantegna, Francia, Fra Bartolommeo, Michel-Ange, Raphaël, Ghirlandajo, Bazzi, Hemling, Van Eyck, Albert Durer, Holbein,* etc.

> Chaque planche se vend séparément de 10 fr. à. . . . 45 fr.

PARIS. — J. CLAYE, IMPRIMEUR, 7, RUE SAINT-BENOIT. — [953]